# UN DERNIER MOT

SUR LA

# DÉFENSE DE PARIS,

D'APRÈS LES PRINCIPES

## MILITAIRES ET STRATÉGIQUES

SUIVI D'UN RÉSUMÉ

RELATIF AU MÊME SUJET,

DE LA

### PHILOSOPHIE DE LA FORTIFICATION

DU LIEUTENANT-COLONEL DU GÉNIE DELAAGE,

par

L'AUTEUR DE L'OUVRAGE INTITULÉ :

## DU PROJET DE FORTIFIER PARIS.

---

## PARIS,

**J. CORRÉARD, ÉDITEUR D'OUVRAGES MILITAIRES,**
RUE DE TOURNON, 20.

ANSELIN ET G. LAGUIONIE,    MICHELSEN, LIBRAIRE,
LIBRAIRES, RUE DAUPHINE, 36.    A LEIPZIG.

JANVIER 1841.

# UN DERNIER MOT

SUR LA

# DÉFENSE DE PARIS.

IMP. DE MOQUET ET COMP., RUE DE LA HARPE, 90.

# UN DERNIER MOT

### SUR LA

# DÉFENSE DE PARIS,

#### D'APRÈS LES PRINCIPES

# MILITAIRES ET STRATÉGIQUES.

## PARIS,

J. CORRÉARD, ÉDITEUR D'OUVRAGES MILITAIRES,

RUE DE TOURNON, 20.

1841.

# UN DERNIER MOT



SUR LA

# DÉFENSE DE PARIS,

D'APRÈS LES PRINCIPES

# MILITAIRES ET STRATÉGIQUES.

> « Je ne veux pas convertir la capitale
> « en une immense place de guerre par
> « une enceinte de siége. »
>
> Général Rogniat, décembre 1839.

La nécessité de mettre Paris en sûreté contre les éventualités d'une guerre continentale est aujourd'hui généralement reconnue ; mais les opinions et les vues diffèrent sur le meilleur moyen à employer pour arriver à cet important résultat.

Cela se conçoit, car ici la question est complexe : nous avons déjà eu occasion de le faire remarquer, Paris, à raison de l'étendue de son enceinte et de sa nombreuse population, n'est dans aucune des conditions voulues pour une défense régulière ; ni susceptible de résister à un investissement même partiel tant soit peu prolongé. Cette immense capitale ne doit donc pas être fortifiée, ne doit pas être défendue comme une place de guerre proprement dite.

Et c'est pourtant ce que l'on propose de faire en enfermant Paris dans une enceinte bastionnée, ou de siége, couverte par des forts détachés.

C'est ainsi que l'on fortifie une place de guerre susceptible de soutenir un siége régulier, et sous les murs de laquelle on veut disposer un camp retranché permanent, propre à recevoir au besoin un corps d'armée.

D'après les règles admises, quatre forts circonscrivent cette place et sont reliés entre eux par des communications défensives : ils sont situés de manière que les feux de leurs canons se croisent réciproquement entre eux et tous avec les feux de la place ; de sorte qu'ils battent et défendent non-seulement les approches du camp retranché, mais toute la surface du camp, par conséquent les abords de la place même.

On voit que, d'après ce dispositif, une place semblable, ayant une forte garnison et un corps d'armée retranché sous ses murs, doit nécessairement arrêter une armée d'invasion dont la ligne d'opération serait dans sa sphère d'action ; qu'il serait généralement impossible que le camp retranché fût entièrement investi, et que, dans tous les cas, la place ne pourrait être attaquée qu'après avoir réduit et s'être emparé de deux des quatre forts et nécessairement de deux forts contigus.

Dans cet état de choses, les deux forts restant ne deviennent pas inutiles ; ils ne sont pas réduits à une oisiveté désespérante : non-seulement ils conservent leurs communications avec la place ; mais ils continuent à tenir l'ennemi éloigné et à concerter des sorties avec la garnison de la place même ; ils deviennent enfin deux citadelles pour cette même garnison dans le cas où la place serait forcée. Chacun de ces deux forts pourrait donc soutenir encore un siége régulier.

Dans ces dernières éventualités, nous supposons nécessairement la place réduite à ses propres forces; car, avec un corps d'armée retranché sous ses murs, il n'y aurait pas de siége possible pour l'armée ennemie.

Tous ces avantages seraient-ils obtenus avec les forts couvrant l'immense enceinte de Paris? Non, certes : ici les forts n'auront d'action tout au plus que de l'un à l'autre. Ainsi, ils ne circonscriront et ne défendront point un camp retranché, situés qu'ils seraient sur une ligne circulaire de peut-être plus de vingt lieues; ils ne présenteront donc point un ensemble de force pour la défense d'un front quelconque de l'enceinte continue ; ils n'auront non plus aucune influence au dehors sur les mouvements de l'ennemi ; enfin, il suffirait à celui-ci de se mettre en mesure de battre, réduire et de s'emparer de deux forts contigus pour pouvoir se porter immédiatement sur l'enceinte, établir ses batteries et l'attaquer dans les formes. Tous les autres forts, tous les nombreux bastions formant l'enceinte, à l'exception de ceux attaqués, seraient nuls pour la défense. Ce système, appliqué à Paris, constitue donc un vice radical analogue à celui que présente notre ligne de nombreuses petites places sur la frontière : là ces places sont impuissantes pour arrêter une armée d'invasion, parce que, isolément, elles sont sans aucune influence sur les opérations des armées ; ici nos nombreux bastions et forts détachés seraient impuissants pour garantir et même pour défendre la capitale, puisqu'ils n'auraient aucune action sur le point attaqué.

Tel est le grand inconvénient d'une enceinte dont le périmètre est en dehors de toutes les règles de l'art de fortifier.

Et en ce qui est de la position, aussi toute exceptionnelle de la capitale, relativement à sa population, à tout ce qu'elle renferme d'établissements et de richesses nationales, peut-on croire qu'on l'exposerait à soutenir un *siége en règle*, comme le porte le projet de loi? Pour soutenir un siége en règle, il faut, d'après les lois de Louis XIV, d'après celles des 26 juillet 1791 et 21 brumaire an v, renouvelées par décret impérial du 24 décembre 1811, *prolonger la défense jusqu'à repousser au moins un assaut au corps de place sur une brèche reconnue praticable.*

Fera-t-on courir à la capitale de la France la chance d'être prise d'assaut par un ennemi exaspéré de son triomphe? Personne assurément ne voudrait répondre ici par l'affirmative.

Ainsi, Paris ne soutiendrait pas les attaques d'un siége en règle. Une enceinte de siége y constitue donc une véritable duplicité, une déception!

Aussi, pour nous rassurer sur ce point, on nous dit qu'on est convaincu qu'avec les moyens en cours d'exécution, Paris ne sera jamais sérieusement attaqué.

D'abord cette assurance de conviction est sans poids; néanmoins on peut l'admettre, mais dans un sens tout opposé.

Nous croyons, en effet, que l'ennemi qui aurait eu l'avantage de forcer notre armée à la frontière, de la battre dans l'intérieur, qui aurait pu la refouler jusque sous les murs de la capitale, qui serait assez puissant, assez nombreux pour disperser et éloigner les corps d'armée qui viendraient au secours de Paris; nous croyons, disons-nous, que pouvant ainsi se trouver en force devant les retranchements et les fortications de la capitale, il n'aurait nullement besoin de tenter de s'en rendre maître par un siége régulier : il se retrancherait dans une bonne position, au nord par exemple ; il aurait constamment de forts détachements, des partis sur les principales avenues de la capitale ; il interdirait par ce moyen les principales communications avec l'intérieur, par conséquent l'entrée des vivres. Et si un tel état de choses se prolongeait quinze jours, huit jours seulement, on verrait ce que deviendrait Paris !

Il résulte de ces considérations que Paris ne se trouverait que très imparfaitement garanti et défendu par une enceinte de siége et des forts détachés couvrant cette enceinte, par la raison que ce système n'est point en harmonie avec la position toute exceptionnelle de cette capitale.

A ces raisonnements, puisés dans la nature des choses, dans les principes de l'art défensif, et dans l'expérience, on s'empresse de répondre : Que le système adopté doit mériter toute confiance ; que probablement il ne peut pas y en avoir de meilleur, puisqu'il a été longtemps médité, discuté, et enfin arrêté et proposé par la commission de défense du royaume, composée de hautes capacités militaires, hommes de l'art, généraux expérimentés ; qu'ainsi il ne pourrait pas y avoir lieu de revenir sur cette grave question. On ajoute même que le général Rogniat, qui faisait partie de cette commission, s'est prononcé particulièrement avant sa mort pour l'enceinte bastionnée.

Cette dernière assertion est inexacte au su de tous ceux qui ont suivi la discussion publique sur cette question. Dans sa réponse à l'auteur de l'ouvrage intitulé : *Du projet de fortifier Paris,* M. le général Rogniat déclare positivement, pag. 25, *qu'il ne veut pas convertir la capitale en une immense place de guerre par une enceinte de siége.*

Cette réponse est le dernier ouvrage publié par le général Rogniat.

Ainsi, ce général expérimenté, cet homme de l'art, ce chef célèbre du corps du génie de France, l'un des premiers sans doute de la commission de défense, n'était point d'avis d'une enceinte de siége, c'est-à-dire d'une enceinte bastionnée pour Paris.

Si, du reste, le système dont il s'agit est celui de la commission de défense, il ne peut pas pour cela inspirer une confiance aveugle, car ce système n'est celui de personne, il est le système de tout le monde, c'est celui qui se voit appliqué à toutes nos places de guerre : enceinte continue, bastionnée, couverte par des ouvrages ou forts plus ou moins avancés.

On n'a donc, en cela, rien imaginé de nouveau pour Paris, rien qui soit approprié à sa position toute exceptionnelle au moral comme au physique. Il est donc bien permis, dans l'intérêt de la question, de faire les observations que l'on croit vraies, sur la confiance en quelque sorte illimitée que l'on paraît accorder à ce système appliqué à Paris, quand c'est celui de toutes les places ordinaires de guerre.

Au résumé, voici quels sont nos principes relativement au système à adopter pour la défense de Paris.

Nous n'hésitons pas à le dire, ces principes sont également ceux de tous les militaires qui se sont sérieusement occupés de la grave question qui s'agite depuis vingt-cinq ans, qui ont profondément médité sur cette question, d'après les principes de l'art défensif.

Nous venons de l'énoncer, mais on ne saurait trop le

répéter, puisqu'on paraît méconnaître cette grande vérité :

Paris, à raison de l'immense développement de son enceinte et de sa nombreuse population, n'est nullement susceptible, quoi que l'on fasse, de soutenir par lui-même une attaque sérieuse, ou un investissement, même partiel, un peu prolongé. Ce serait une déplorable déception de croire le contraire.

Ainsi, plus on abandonnera de terrain à l'ennemi en avant de la capitale, et plus on compromettra la sûreté de cette capitale ; plus on resserrera le cercle de la défense sous les murs de Paris, moins on assurera cette défense, et plus cette capitale sera exposée aux coups de l'ennemi, par conséquent à une prompte défection.

Ce n'est donc pas sous les murs mêmes de Paris qu'il faut créer ses principaux moyens de défense, et en même temps un refuge, un appui à tout ou partie de notre armée qui aurait éprouvé des revers et qui ne pourrait plus tenir en rase campagne devant une armée d'invasion très supérieure en force.

Il importe, au contraire, que ces moyens matériels et permanents de défense et de résistance soient placés et disposés de telle sorte qu'ils couvrent en avant la capitale ; qu'ils la garantissent de toute attaque de l'ennemi, par conséquent de toute surprise, et soient en même temps des appuis sûrs et puissants pour notre armée.

C'est enfin de faire pour Paris, au moyen de quatre forteresses, ce que l'on fait ou devrait faire pour toutes nos principales places de guerre, au moyen de quatre forts ; c'est de flanquer la capitale par quatre places de premier ordre, à une journée de marche au plus, aux points de jonc-

tion qui seront jugés les plus avantageux sur les principales
communications et les rivières.

Ces forteresses, assez vastes pour recevoir une garnison
de vingt mille hommes, enfermeraient la capitale dans un
énorme carré, où l'on aurait soin, dans l'occurrence, de ras-
sembler de grands approvisionnements de vivres, de munitions et de matériels de guerre ; où notre armée viendrait se
refaire, se réorganiser ; carré, enfin, qui serait la *grande
place d'armes* de la France, et qui poserait des limites qu'il
serait interdit à l'ennemi de franchir.

Un général, quelque téméraire qu'on puisse le supposer,
se garderait bien de pénétrer, même avec toutes ses forces,
dans cette place d'armes sur quelque point que ce fût, parce
qu'il aurait immédiatement sur ses flancs, sur son front, et
aussitôt sur ses derrières, des garnisons nombreuses, des
corps d'armée qui l'anéantiraient en peu d'instants. Là son
armée ne serait point sous les murs de la capitale, il n'aurait point l'espoir d'intimider, d'effrayer, de soulever, de
réduire par la crainte et par la faim la nombreuse population de Paris ! Ce serait donc là véritablement que le système de forts détachés serait appliqué à Paris dans son véritable principe.

Si l'ennemi persistait à tenir devant le formidable camp retranché de Paris, qui, de tous côtés, aurait ses communications libres, il serait dans la nécessité de faire le siége au moins
de deux de nos forteresses. Or, ces deux siéges, qui, comme
on doit le croire, seraient ici soutenus d'après les règles de
l'art, mèneraient loin l'ennemi, ou plutôt il succomberait
dans l'entreprise, s'il avait la témérité de la tenter.

Tel serait, selon nous, disons mieux, selon les principes,
le véritable moyen de garantir la capitale et d'éloigner l'ennemi de ses murs.

Ainsi donc, au lieu de forts détachés assez nombreux couvrant l'enceinte bastionnée en projet, mais en fait nuls pour la défense en général, nous couvrons la capitale de quatre bonnes forteresses, à une journée de marche de ses murs (1), ou même à des points plus rapprochés, si cela était jugé préférable : par exemple, Saint-Denis, l'île Saint-Maur ; puis, une troisième position entre ces deux premiers points, côté probable de l'arrivée des colonnes ennemies, mais alors celle-ci beaucoup plus en avant ; enfin, la quatrième position sur la basse Seine, au point jugé le plus convenable pour couvrir les principaux établissements nationaux, dépendant en quelque sorte de la capitale.

Et, au lieu d'une enceinte bastionnée, il nous suffit d'un bon mur de sûreté, construit, si l'on veut, sur la ligne même déjà tracée pour l'enceinte bastionnée.

Ce mur serait flanqué de tourelles-magasins, de casernes défensives, aussi bien pour recevoir de la cavalerie que de l'infanterie, ce qui serait une mesure des plus profitables. Dans le cas de guerre, on creuserait un fossé pour entourer le mur de sûreté. Ce mur, dans cet état, remplirait, pour Paris, l'objet d'une enceinte bastionnée.

De plus, on établirait également, en cas de guerre surtout, de bons retranchements, des têtes de ponts derrière les obstacles naturels formés par les circuits de la Marne, de

(1) M. Delaage, ancien lieutenant-colonel du génie et ancien député, ne propose que trois places dans ce même système. Il les place, l'une au confluent de l'Oise dans la Seine ; la seconde sur la Marne à hauteur de la Brévonne ; la troisième sur la haute Seine vers l'embouchure de l'Orge.

la Seine, les canaux de Saint-Denis, et de l'Ourcq, les posi-
tions de Pantin, de Romainville, etc., etc. ; de sorte que
notre immense place d'armes, flanquée de quatre bonnes
forteresses, serait effectivement inexpugnable.

Dans notre premier opuscule, que le général Rogniat nous
a fait l'honneur de commenter, nous portions nos forteresses
destinées à couvrir Paris, beaucoup plus en avant. C'était d'a-
bord sur l'Aisne, à Soissons ; ensuite sur la Marne, à Reims
ou Châlons et Vitry; delà sur nos autres rivières intérieures,
la Seine, l'Yonne et la Loire, aux points de jonction des
principales communications avec la capitale ; en tout six
places situées alternativement autant que possible l'une à
une certaine distance à droite, l'autre à quelque distance à
gauche de la ligne transversale que nous venons d'indiquer,
de manière à se flanquer réciproquement.

Nous pensons encore qu'en disposant convenablement sur
cette ligne circulaire et transversale un système de bonnes
places, sous les murs desquelles nos corps d'armée, refoulés
dans l'intérieur, trouveraient de nécessaires et solides appuis, avec toutes les ressources dont ils auraient besoin ;
non-seulement on couvrirait et l'on garantirait parfaitement
la capitale, mais encore que là on arrêterait sûrement l'ennemi. On l'arrêterait là, parce qu'un général, quelque téméraire qu'on puisse le supposer, ne laisserait jamais derrière lui, au milieu de la France, des places de premier ordre sous les murs desquelles seraient retranchés des corps
d'armée, attendu que ceux-ci tomberaient immédiatement
sur ses flancs, sur ses derrières, couperaient ainsi ses lignes
d'opérations, et secondés par les gardes nationales, la population même, arrêteraient ses détachements, ses convois, et
le renfermerait enfin, sans espoir d'en sortir, dans une sorte
de champ clos au centre duquel il serait refoulé, sans aucune

crainte pour nous, puisque Paris se trouverait défendu par ses retranchements élevés derrière les obstacles naturels de sa position, sur les circuits de la Seine, de la Marne, les canaux, etc., etc., et en outre par un bon mur de sûreté.

L'ennemi se garderait donc bien de franchir une pareille ligne de places intérieures : il se verrait donc dans la nécessité d'attaquer ces places en règle, s'il voulait donner suite à son projet d'invasion, ou plutôt s'il le pouvait, ce qui serait alors fort douteux. Dans tous les cas, tout espoir d'arriver à Paris lui serait interdit : toutes les forces, toutes les ressources de l'ouest et du centre de la France afflueraient sous les murs de la capitale, se porteraient sur les places menacées par l'ennemi ; et celui-ci, assailli sur ses flancs et sur ses derrières, serait bientôt contraint à la retraite, s'il n'était pas entièrement défait.

Mais enfin ce système, ou les systèmes analogues qui, depuis nos désastres de 1814 et 1815, ont été présentés par plusieurs de nos officiers généraux, et notamment par le général Rogniat, n'ont pas pris faveur. Ils n'inspirent sans doute pas assez de confiance : on croit qu'en reculant jusque sous les murs mêmes de Paris les moyens matériels de défense intérieure, on assurera beaucoup mieux cette défense ; on se persuade qu'en renfermant le gouvernement avec une population d'un million d'âmes dans une *enceinte de siége*, on garantira parfaitement et la capitale et le gouvernement. Déplorable illusion !!

En effet, avec ce même moyen, une place de guerre ordinaire n'est garantie que pour un certain nombre de jours; car la durée de sa résistance, d'après les règles de l'art, est calculée d'avance. Ainsi, on veut donc se contenter également de ne garantir Paris que pendant un nombre de jours donné? Cela est évident, puisqu'on veut le mettre dans la même position qu'une place de guerre ordinaire; puisqu'on veut présenter la capitale directement aux attaques de l'ennemi ; puisqu'on veut enfin se resserrer si étroitement sous ses murs, que cet ennemi pourra même ne pas prendre la peine de l'attaquer dans les formes, et qu'il lui suffira d'occuper ses principales communications avec l'intérieur pour la réduire en peu de jours à la famine !

Et comment pourrait-il en être autrement, puisque pour nourrir un million d'individus, il faut *cinq mille voitures de vivres par jour !!* (Mémoires de NAPOLÉON). Aura-t-on des approvisionnements pour une consommation aussi considérable ?

Ainsi, avec d'aussi fausses dispositions, un général ennemi se verrait dispensé de traîner à sa suite un équipage de siége. Et cependant, c'est ici la principale difficulté qu'on prétend lui opposer, et qu'on devrait lui opposer en effet.

Ces vérités nous paraissent tellement palpables, tellement démontrées, et par l'expérience de tous les temps, et en quelque sorte par l'unanimité de toutes les opinions, que c'est comme à notre insu que nous sommes entraînés à des redites qui deviennent fastidieuses.

Le nouveau projet que nous venons d'esquisser, tout en satisfaisant aux véritables conditions d'une bonne défense et d'une entière garantie de la capitale, nous paraît devoir satisfaire également aux exigences de l'opinion qui n'a de confiance que dans les moyens de défense rapprochés le plus possible des murs de cette capitale.

Les avantages de notre système sur celui qui est présenté aux chambres, sont de la plus grande évidence.

Ici la défense est parfaitement assurée ; on pourrait même dire que Paris ainsi fortifié, non-seulement ne pourrait plus être attaqué, mais ne serait plus, dans aucun cas, l'objectif de l'ennemi.

Enfin, quand même la lutte viendrait s'engager jusque sous les murs de nos forteresses avancées, la capitale, sa nombreuse population, les autorités, le gouvernement seraient en toute sécurité; le canon ne se ferait entendre qu'assez éloigné pour n'avoir rien à en redouter.

Dans le système opposé, aucune des parties qui le constitue ne peut complétement remplir son objet; tout est incertain, même la sûreté de la capitale dont on calculerait d'avance le temps de la résistance, dans le cas où elle serait attaquée ou seulement coupée de ses principales communications avec l'intérieur.

Dans notre système, Paris n'est nullement place de guerre, pas plus en temps de guerre qu'en temps de paix, avantage immense pour la capitale et pour le gouvernement.

Dans le système opposé, Paris est place de guerre en tout temps et pour longtemps, sinon pour toujours. Un tel état de choses pourrait avoir les conséquences les plus fâcheuses.

Quant à la dépense de construction, nous pensons qu'elle serait inférieure à celle qui résulterait de l'exécution du projet de gouvernement; toutefois elle dépasserait certainement les 140 millions demandés par le projet de loi; mais il faut bien dire aussi que ces 140 millions seraient loin de suffire : rien que l'enceinte bastionnée absorberait cette somme et même irait au-delà.

On pourrait estimer la dépense de construction des quatre forteresses que nous proposons à 150 millions.

Viendrait ensuite la dépense du mur de sûreté qui s'é-

lèverait bien sans doute à 50 millions, donc 200 millions de dépense.

Mais cette dépense irait à 300 millions qu'il n'y aurait certes point à reculer, si comme nous en avons la conviction, l'exécution du système que nous proposons, devait assurer la force, la sécurité de la France, la sûreté de la capitale, et probablement la paix avec nos voisins.

Paris, 20 décembre 1840.

L'auteur de l'ouvrage intitulé :<br>
*Du projet de fortifier Paris ,*<br>
auquel M. le général Rogniat a fait l'honneur de répondre.

# RÉSUMÉ,

## EN CE QUI CONCERNE SPÉCIALEMENT

### LES

# MOYENS DE DÉFENSE DE LA CAPITALE,

DE L'OUVRAGE INTITULÉ :

## PHILOSOPHIE DE LA FORTIFICATION

RELATIVEMENT AUX PLACES FORTES DU ROYAUME
ET AU SYSTÈME DE L'ÉCOLE FRANÇAISE,

### PAR M. DELAAGE,

Ancien lieutenant-colonel du corps du génie, chevalier de Saint-Louis,
officier de l'ordre royal de la Légion-d'Honneur, ancien député au
corps législatif (1).

---

Encore un ouvrage très remarquable sur l'art défensif en
général, et en particulier sur le système à adopter pour la
défense de la capitale.

(1) La Rochelle, 1840, chez Mareschal, imprimeur-libraire.

De même que tous les militaires qui, depuis 25 ans, éclairés par la raison et l'expérience, ont proclamé *usé* notre vieux système de places fortes, de même M. le lieutenant-colonel du génie Delaage condamne ce système suranné qui n'est plus en harmonie avec la puissance de nos armées actuelles, et qui aujourd'hui est abandonné de tous les autres États de l'Europe.

Et sur la question des moyens de défense de la capitale, d'accord, également, sur ce point important, avec ces mêmes militaires, il déclare « que le système soit d'enceinte « continue, soit de forts détachés, plus ou moins éloignés « des murs de la capitale, sont, à son sens *absurdes*, sous « le double rapport de la puissance et des dépenses. Les « forts détachés comme l'enceinte continue seraient, « ajoute-t-il, *déshonorés* au jour du besoin par leur nullité ou « leur défection. »

Toutefois, l'opinion de l'auteur n'est pas de laisser Paris sans moyens de résistance ; seulement ce n'est pas sous ses murs qu'il veut placer ses moyens de défense proprement dits (1). En rapportant sommairement les principes et les vues de l'auteur, nous développerons succinctement avec lui son système sur les moyens de défense du territoire en général, et de la capitale en particulier.

Et d'abord, M. Delaage définit ainsi qu'il suit le titre de son livre :

« La philosophie de la fortification est une étude qui « manque à l'école du métier des armes. Distincte, pour ne

______

(1) On peut voir à ce sujet l'opuscule intitulé : *Du projet de fortifier Paris*, ou Examen d'un système général de défense. Paris, 1839.

« pas dire étrangère à la science des constructions, elle con-
« siste à analyser et à combiner les résultats de la valeur
« des systèmes en usage par celle des facultés physiques et
« morales du soldat de l'époque. Elle est donc essentielle-
« ment du domaine des hautes capacités de l'état militaire
« et du gouvernement : elle seule conduit à la découverte
« et à l'appréciation réelle des moyens par lesquels on peut
« rendre à la fortification la puissance d'opinion et de fait
« qu'elle a exercée sur les peuples anciens : elle donne les
« moyens de rendre la défense plus facile, plus longue, plus
« énergique et moins dangereuse pour la place, en isolant
« les foyers de la défense de la masse centrale où elle doit
« avoir, ainsi que la bourgeoisie, sécurité complète pour ré-
« parer et entretenir la santé physique et morale de la po-
« sition. »

Telle est la base du système de l'auteur. Et voici en résumé le développement de ce système et l'application qu'il
propose d'en faire pour la défense de la France et de sa capitale.

« La France, dit l'auteur, qui pendant les guerres de la
révolution et de l'empire a donné des exemples si sanglants
de la puissance de ses armes, a plus besoin qu'aucun autre
état de l'emploi combiné des troupes et des places. Sa position, ses mœurs, ses richesses, sa puissance même, por-
teront toujours envie ou ombrage à ses voisins. Quelque po-
puleuse qu'elle soit, relativement à sa superficie, elle ne
peut cependant prétendre à l'emporter toujours par le nombre sur la coalition de ses voisins. Les fortifications doivent
donc suppléer à ce qui peut nous manquer en hommes ;
mais pour qu'elles soient utiles sans nous être onéreuses
dans les temps critiques, il ne faudrait pas qu'elles exigeas-
sent pour leur vitalité et leur puissance plus du cinquième

de nos forces mobiles, que nous estimerons, moyennement, à 500 mille hommes.

« Le nombre de nos places actuelles qui en absorbent trois fois autant, énerve l'armée sans lui rendre des renforts dont elle aurait tant de besoin si après des revers, qui amènent toujours des pertes considérables, elle était refoulée dans l'intérieur et loin des places frontières avec lesquelles elle aurait perdu ses communications.

« C'est précisément des places fortes qu'on peut dire que *la qualité en est bonne*, mais que *la quantité n'en vaut rien*. Car, si elles procurent une existence indépendante des événements, sur les points où elles sont établies, c'est avec des garnisons qu'on ne peut diminuer au profit de l'armée que lorsque la guerre est heureuse, et ce n'est pas l'hypothèse sous laquelle nous avons à traiter la question.

« Après le prélèvement des garnisons obligées, que l'on compte ce qui reste pour tous les besoins mobiles dans l'intérieur ; qu'on en défalque les dépôts des régiments, les infirmes, les malades, les corps d'observations sur les frontières non attaquées, mais menacées, les pertes enfin ou absents à quelque titre que ce soit, et on se trouvera presque déconcerté de ce qui reste pour l'effectif réel à opposer à une armée qui menacerait d'invasion. Sans doute que cette masse de défalcations se retrouverait en partie pour former des réserves et remplacer des pertes ; mais elles ne sont pas en ligne sur le point et au moment où la bataille tranche la question. Ainsi, l'armée qui est sur la frontière à l'ouverture de la campagne, ne représente jamais la force réelle de l'État, et cependant c'est d'elle et de son premier choc que dépend souvent le résultat de la guerre. Combien alors n'a-t-on pas à regretter l'absence ou l'inaction de plus de cent mille hommes sur les 220 mille à peu près que l'on aurait disséminés dans les places actuelles !

« Si des opinions attelées à l'état actuel du système de nos places repoussent cette évaluation en objectant que la grande masse des garnisons obligées se composera des troupes de nouvelles levées, de gardes nationales, nous répondrons : que les garnisons seraient sans énergie, si leur masse se composait de nouvelles levées et de gardes nationales en trop grande proportion, et que ce ne serait qu'une déception de plus, puisque faute d'énergie, elles ne seraient que des lazarets consommateurs, d'aucun secours pour la patrie, et qui tomberaient à bon marché au pouvoir de l'ennemi. Il est donc évident, d'une part, que nous avons trop de places, et de l'autre que ce n'est pas en étant toutes sur la frontière, qu'elles peuvent remplir les devoirs qui leur sont assignés.

« Le grand problème de la défense du royaume, en ce qui concerne les fortifications et les places, est, j'ose le dire, tout entier à créer sur les bases nouvelles de l'art actuel de la guerre.

« Avant la révolution, les armées des différents États de l'Europe étaient, en général, si peu nombreuses, comparativement à ce qu'elles sont devenues ; les prétentions du vainqueur étaient ordinairement si différentes de ce qu'elles sont aujourd'hui ; les moyens dont on pouvait disposer étaient si peu considérables et si difficiles à manier par le système d'ordre et de nécessités qu'elles traînaient à leur suite, qu'un plan de campagne ou de défense n'embrassait qu'une assez mince portion de la frontière. Une fois déterminé, le théâtre de la guerre sortait rarement et difficilement du front que les armées pouvaient occuper. La campagne se passait en manœuvres qui amenaient une ou deux batailles, après lesquelles le vaincu blotti sous quelques places, ou retiré dans l'intérieur du pays, y attendait ses renforts sans être sérieusement inquiété par le vainqueur à qui il ne restait plus assez de puissance pour poursuivre ses succès au-delà des places fortes, dont les détachements se trouvaient alors capables d'influer sur l'existence de ses lignes de convois. Dans l'impossibilité où était le vainqueur d'envahir le pays, il était réduit à marcher avec circonspection, et à éteindre autour de lui les foyers fortifiés dont il ne pouvait éviter l'action, en s'en éloignant au-delà de leur sphère d'activité, ou en la comprimant par une masse de puissance qui le rendît invulnérable. Dans cette hypothèse, il y avait des motifs justes et raisonnables pour placer l'opiniâtreté de la défense, et par conséquent les places fortes à la frontière. Mais depuis que les armées sont devenues nombreuses à l'excès, depuis qu'on a su apprécier que de grandes batailles avec de grands corps agrandissent les résultats dans l'opinion, le vainqueur ne perd presque jamais assez dans l'action pour suspendre l'élan qui le précipite sur le pays qu'il envahit. Dès que la ligne de l'armée est forcée, le vainqueur pénètre comme un torrent par la trouée, se contente de masquer les places latérales, les seules qui auraient action sur la ligne, et il poursuit l'armée battue, quelquefois jusqu'à ce qu'affaibli lui-même par les marches et les traînards, son énergie s'éteigne dans la lassitude.

« C'est là qu'il faut placer, abstractivement parlant, la limite de la puissance du vainqueur, composée des effets matériels et moraux de la victoire. C'est donc l'hypothèse qu'on doit supposer pour asseoir le système de la défense.

« Or, puisque la frontière qui est la limite la plus étendue du royaume, ne peut être matériellement mise à l'abri de l'invasion, même sur les points où elle a sa triple ligne de places ; puisque les *dix-neuf vingtièmes* de ces places n'ont pas à contribuer directement et spécialement aux grandes manœuvres sur les champs de bataille où se décide le sort de la guerre ; puisqu'enfin leur mise en état, qui est obligée par précaution dès qu'on est menacé, absorbe une grande partie des troupes et des moyens qui seront si nécessaires aux corps qui tiennent la campagne en présence de l'ennemi, on doit penser que ce n'est plus à la circonférence qu'il faut disséminer ses moyens et ses trésors dans le but d'en fermer les passages. Il y faut sans doute quelques places d'armes, où l'on puisse prendre ou déposer ce dont on a besoin ou ce qu'on ne peut emmener ; mais il ne faut rien de plus, et en les faisant robustes, on peut, sans s'affaiblir, leur donner une existence qui traversera les événements de la guerre.

« Après avoir pourvu avec économie aux besoins de la frontière, il faut reconnaître qu'à la manière et aux moyens avec lesquels on fait la guerre aujourd'hui, on doit placer le siége de la défense *dans l'intérieur*, et la réserve définitive sur le point qui impose au royaume son existence propre, ses lois et même ses caprices. Il n'y a point à chercher un foyer stratégique derrière la Loire ou dans la Vendée. *Paris* est celui autour duquel il faut tout rapporter en désespoir de cause ; car s'il était envahi ou seulement menacé, il traiterait à tort et à travers, pour lui et pour la France, aux dépens de tout ce que nous avons de plus sacré.

« L'idée de fortifier Paris n'est pas nouvelle ; mais mal analysée sous ses rapports politiques et militaires, l'exécution en a été regardée comme une utopie décevante et à peu près impossible. C'est ici l'occasion de faire remarquer où

aboutit quelquefois la persévérance, je devrais dire la per-
sistance dans les vieux systèmes. Ceux qui ont été chargés
de résoudre le problème de la défense de Paris par les fortifications, ne l'ayant envisagé que sous le rapport d'un
*colosse à habiller* avec les cuirasses en usage, ont vu leurs
arguments bientôt rétorqués par l'immensité de l'enceinte,
et par *la nullité de la défense* comparée à l'énormité de la
dépense. Force est cependant de pourvoir au premier besoin
de l'État, c'est-à-dire à son existence, dont le foyer est irré-
vocablement fixé à Paris.

C'est donc pour notre Thèbes française qu'il faut trouver,
dans les facultés nationales et dans l'art actuel de la guerre,
la solution de ce vaste problème.

« Si nous portons nos souvenirs sur le projet de Vauban,
nous reconnaîtrons que ce grand homme avait émis l'idée
de fortifier Paris à très peu près comme on voudrait encore
le fortifier aujourd'hui.

« Il est inutile de rechercher les conséquences que le
projet du grand ingénieur eût exercées sur notre état politi-
que et social, dans la supposition où il eût été exécuté et
conservé dans son intégrité première ; nous nous bornerons
à consigner et à reconnaître en principe que dans l'état et
sous la puissance actuelle des mœurs parisiennes, une enceinte bastionnée fût-elle aussi robuste qu'on pût la supposer dans le système en usage, et telle qu'il fallût un long
siége pour la forcer, cette enceinte, disons-nous, serait une
affreuse déception, parce qu'une population d'un million
d'ames, avec ses besoins, ses passions, qui sont bien autrement grands et impérieux que du temps de Vauban, ne ré-
sisterait pas à la menace d'un siége. La garnison ne serait
ni assez nombreuse ni assez indépendante pour résister en

même temps et à l'ennemi et aux factions intestines.

« Il ne faut à Paris qu'une enceinte de police ou de sûreté, que la garde nationale puisse garder seule contre quelques hourras de cavalerie ; il lui faut conserver en principe la physionomie de ville bourgeoise de ville ouverte, parce qu'elle ne veut pas plus de barrières au physique qu'au moral.

« Le problème de mettre Paris à l'abri d'une invasion ennemie, est donc d'une nature toute particulière et d'une solution complexe. Il faut que l'ennemi s'arrête aux abords sans oser en approcher ; il faut pour cela une sorte de puissance magnétique qui, comme le paratonnerre, arrête et absorbe les forces de l'ennemi à la limite qu'on veut lui assigner, et à l'époque où, fatigué et décimé par ses efforts, ses marches et ses combats, une halte forcée à la vue du but de ses travaux le désenivrera de la puissance morale qui aurait pu le porter jusque là. C'est en créant une frontière de réserve et particulière autour de Paris qu'on y parviendra ; ce serait ne connaître ni l'esprit de la puissance actuelle de nos armées, ni savoir profiter des leçons de l'expérience que de vouloir persister dans le système d'une espèce de camp retranché à lignes continues ou discontinues à deux ou trois mille mètres, ou plus, en avant de l'immense pourtour de la capitale !

« Selon nous, la solution du problème consisterait à établir entre cinq et huit lieues hors de l'enceinte actuelle de Paris, trois grandes places de premier ordre : l'une sur la haute Seine, vers l'embouchure de l'Orge ; l'autre sur la basse Seine, au confluent de l'Oise ; et la troisième sur la Marne, à la hauteur de la Brévonne (1) ; à asseoir pareille-

_____

(1) On peut se reporter à ce sujet à l'ouvrage intitulé : *Du*

ment trois hexagones, l'un sur Montmartre, l'autre à l'extrémité de Chaillot, et le troisième vers le Jardin des plantes. L'enceinte actuelle n'exigerait que quelques redressements terrassés et revêtus, appuyés par quelques casernes défensives ou blockhaus pour tenir en sûreté les postes de police.

« Les trois grandes places que nous proposons, situées au milieu d'une population compacte, riche et brave, avec vingt mille hommes de garnison chacune, complétées en partie par l'armée refoulée dans l'intérieur, encadreraient la capitale dans un énorme triangle dont les saillants étant les plus robustes, feraient de l'enceinte de Paris une courtine rentrée que l'ennemi n'oserait aborder, puisqu'il aurait sur ses flancs deux places qui contiendraient quarante mille hommes, dont les détachements n'auraient que quatre à six lieues à faire pour parcourir la moitié de l'intervalle d'une place à l'autre; distance qui, fût-elle du double, ne serait pas hors de proportion sur l'échelle du problème, surtout avec le concours des corps qui manœuvreraient entre ces places sous la protection des murs de Paris.

« Maintenant nous avons à justifier les motifs par lesquels nous pensons que ces trois grandes places doivent être assises entre cinq et huit lieues hors de Paris, pour jouir de la plénitude de leur puissance : ces motifs sont que pour développer et multiplier l'action des foyers, il faut forcer la masse de l'armée ennemie à se diviser pour être en présence sur les divers points qui ont ou doivent avoir des

*projet de fortifier Paris*, ou Examen d'un système général de défense. Paris, 1839, chez Corréard, directeur du *Journal des sciences militaires*.

existences propres, et qui ne manqueraient pas cependant d'agir contre elle en combinaisons les unes des autres. Ainsi donc, dès que l'ennemi arriverait à dix ou douze lieues de Paris, il s'y arrêterait forcément pour prendre l'une ou l'autre des combinaisons suivantes, ou s'établir en tête d'une ou de deux places pour les masquer : dans ce cas, il lui faut au moins trente-cinq mille hommes en tête de chacune, et une vingtaine de mille en réserve pour lier ses opérations; ou bien prendre une position centrale entre deux des trois places. Cette dernière hypothèse suppose que l'ennemi croirait arriver promptement à un grand résultat, car ses communications en arrière seraient tout à fait compromises par les sorties des places latérales. Dans l'un et l'autre cas, Paris et les communications de Paris à ces places seront libres ; car on n'admettra pas que l'ennemi puisse faire un établissement raisonnable entre l'une de ces places et Paris, au milieu d'une population concentrée, dont la mauvaise humeur résultant forcément de l'état des choses lui serait violente et fatale.

« Si l'on suppose cependant que l'ennemi soit assez puissant pour parvenir à bloquer complétement deux places, il est obligé, au moins, de s'y tenir avec toutes ses forces, à la vue de leurs remparts; mais alors ses troupes n'attaqueront pas Paris ; et l'on conçoit que si les places étaient situées sur ou près de l'enceinte de la capitale, l'ennemi agirait simultanément, et avec les mêmes hommes contre les places et contre Paris qui ne serait plus en position de réserve. Dans le système que nous proposons, au contraire, on divise forcément les corps de l'armée ennemie au moment où elle n'a d'existence que par son ensemble réuni. On se trouve stratégiquement sur la ligne où s'arrêterait le torrent de l'invasion, dégrossi par toutes les pertes qu'occasionnent même les succès. Il y serait réduit au nombre, à peu près, de l'armée qu'il y aurait acculée et au terme de l'exaltation que donnent les succès. C'est là, et de ce moment, que les fortifications deviennent la puissance dominante en faveur de la patrie. C'est alors, et par elles, que le problème de la défense des États présente une solution directe et positive, qui n'existe, quant à présent, que sur des éventualités hypothétiques.

« Supposerait-on que dans un moment de colère, l'ennemi ferait un houra général sur les murailles de Paris : mais quel serait le chef assez audacieux, disons assez fou, pour le tenter ?

« Certes, ce ne serait pas une pareille échauffourée qui entraînerait la défection des habitants. Les grands foyers qui existeront au dehors, et les trois jalons de Montmartre, de Chaillot et du Jardin des Plantes, sous lesquels on ne manquerait pas de se grouper, en ôtent toute idée, même le temps et les moyens de traiter ou d'organiser la défection ; ce ne serait qu'un torrent d'orage dont la Seine charrierait bientôt les débris. Ainsi donc, avec trois foyers de défense et trois citadelles, nous remplirions le but du problème qui consiste à couvrir Paris avec le moins possible de places fortes, à arrêter l'armée d'invasion hors des abords de Paris, autour des points aimantés qui en absorberaient les foudres, à forcer l'ennemi à diviser ses forces à la veille de son triomphe ; en résumé, à ôter toute idée de tenter la conquête de la capitale. »

A ces dispositions de l'auteur, nous pensons qu'il conviendrait d'ajouter les obstacles naturels qui déjà ont été indiqués par tous les militaires qui se sont occupés de la grande question des moyens de défense de la capitale, savoir : les canaux de Saint-Denis et de l'Ourcq, les circuits de la

Marne et de la Seine, les hauteurs de Romainville, etc. ; ce qui, avec l'occupation de Saint-Denis même et de Charenton, remplacerait, nous croyons, avantageusement les citadelles que l'auteur propose d'élever à Chaillot et au Jardin des Plantes, proposition qui rentre dans un système tout particulier de l'auteur pour la construction des places de guerre, mais que malgré tout son mérite nous ne croyons point applicable à Paris, par la seule raison que Paris ne peut pas être une place de guerre, une place forte ; et c'est ce que l'auteur reconnaît parfaitement lui-même.

Cet ensemble de moyens serait sans doute bien autrement redoutable qu'une enceinte de siége de 11 lieues de développement, même couverte par des forts qui ne seraient que des points d'appui inertes et sans influence aucune pour la défense de Paris, puisqu'il suffirait d'en prendre un seul pour se porter ensuite sans obstacle sur l'enceinte. On conçoit que dans ce cas les autres forts seraient parfaitement nuls.

Qu'au lieu de tous ces forts l'on établisse trois ou quatre bonnes forteresses, et alors l'état des choses change entièrement. Les forts n'ont aucune influence au dehors. Ici, de bonnes forteresses couvrant les abords de la capitale avec de fortes garnisons, arrêteraient une armée ennemie, et l'armée nationale ne serait pas exposée à être entièrement refoulée sous les murs de la capitale, ce qui, à notre avis, serait une position désespérée.

Le système de forts détachés, nous l'avons déjà dit ailleurs, ne peut donc nullement convenir à une enceinte telle que celle de Paris, par la raison toute simple que dans aucun cas ces forts ne seraient en position de concourir tous à la défense d'un point quelconque de l'enceinte, comme dans le système où quatre forts seulement circonscrivent une place sous les murs de laquelle ils forment un camp retranché. Et cela se conçoit sans qu'il soit besoin de donner plus d'explication. On peut voir au surplus, à ce sujet, l'opuscule intitulé : *Essai sur les véritables principes de la défense des places et l'application de ces principes*, etc., 1839, chez Corréard, etc.

Ainsi, le système des forts détachés ne peut s'appliquer efficacement qu'à une place de guerre proprement dite (une cité dont le développement de l'enceinte est de 10 à 11 lieues, et la population d'un million d'ames, ne sera jamais, on ne peut trop le répéter, une place de guerre ni une place *forte*), sous les murs de laquelle il devrait être établi un camp retranché propre à recevoir un corps d'armée. C'est là, au surplus, le grand avantage que devraient présenter toutes celles de nos places actuelles de guerre, situées aux points stratégiques de nos frontières, et celles qui sont à construire à l'intérieur dans un système qui doit conduire enfin à la suppression de la plus grande partie des places frontières, dont l'inutilité est suffisamment reconnue.

M. le lieutenant-colonel du génie Delaage, dont nous analysons l'ouvrage, entre en plein dans ce projet dont l'exécution est demandée et attendue depuis un quart de siècle, par tous les militaires éclairés. Il le présente, lui, non-seulement comme une nécessité dictée par la raison et l'expérience, mais encore comme un moyen de grande économie dans l'exécution de son système pour la défense de Paris.

Nous allons encore, sur ce point, emprunter les propres termes de l'auteur.

« Après avoir assis le canevas de notre grand problème, il reste à en sonder la dépense. Nous n'avons pas ici les moyens de l'évaluer exactement ; mais ce ne sont pas quelques millions de plus ou de moins dans une opération de cette importance, qui doivent en déterminer l'adoption ou le rejet ; il suffit donc d'en constater la possibilité et les avantages, en indiquant la nomenclature et l'aperçu des moyens et des dépenses. Si les deux produits se balancent à peu près, on sentira d'un autre côté que le système proposé, qui élèverait la France à l'apogée de sa puissance et de sa sécurité, donnerait aussi des économies incalculables sur les dépenses d'entretien et de mises en état des places, et de plus importantes encore sur le personnel des états-majors et des garnisons, dont profiterait la masse des armées qui tiennent la campagne au commencement de la guerre.

« Si, ce que nous ne saurions trop conseiller, le gouvernement prenait le sage parti de supprimer celles de nos places de guerre qui excèdent le nombre que nous pouvons approvisionner raisonnablement en temps de guerre, de celles surtout dont on pourrait dire qu'elles n'ont ni vices ni vertus, puisqu'elles n'empêchent pas les irruptions du vainqueur, puisqu'elles épuisent l'armée dans leur nullité, et qu'en résultat elles ne sont plus d'aucun poids dans la balance ni dans les stipulations des traités que le conquérant impose lorsqu'il est en position de menacer la capitale ; le gouvernement trouverait à se défaire de quatre-vingts places de guerre, lesquelles démolies et vendues par parcelles aux habitants, donneraient par aperçu une superficie de quatre mille hectares.

« Nous ne nous dissimulons pas que cette proposition soulèvera d'étonnement tous ceux qui par état, ou par l'habitude qu'ils se sont faite de considérer toutes les places quelconques comme une puissance auxiliaire ou d'opinion, lui pardonnent sincèrement les mécomptes que l'État et l'armée

en ont essuyés à certaines époques, et comptent toujours
sur elles, en se faisant illusion sur l'énormité des approvisionnements et des garnisons, comme sur leur valeur dans
les crises d'une guerre malheureuse. Ils la repousseront
aussi par la crainte de présenter à l'ennemi un appât à des
projets dont l'existence de fait de nos places lui ôte l'idée.
Mais cette proposition est pour nous une opinion de conviction, dont la conséquence que nous en tirons est exacte,
et dont le but est de parvenir à une assiette de puissance
qui soit inébranlable dans l'adversité. En effet, toute la
France serait envahie, ce qui n'est pas admissible, que si le
gouvernement conserve autour de Paris une banlieue
d'existence, il n'y aurait pas de salut possible pour l'étran-
ger qui aurait foulé le sol de la patrie.

« Revenant à l'évaluation du projet, nous estimons que
les trois grandes places à construire dans les environs de
Paris, exigeraient, avec leurs dépendances ou réserves ex-
térieures et intérieures, une superficie de douze cents hectares, ci                                                    1,200 hect.

« Les citadelles de Montmartre, Chaillot et
du Jardin des Plantes exigeraient cinq cents
hectares                                                     500

« Les terrains à acheter autour de l'enceinte
actuelle de l'octroi pour élargir le terrain militaire sur certains points, peuvent être éva-
lués idéalement à                                            300

« Ce serait une masse de                       2,000 hect.
à se procurer, et il resterait, en terrains provenant de la
vente de quatre-vingts places, deux mille hectares.

« Sans doute on ne peut affirmer positivement que cet
excédant à vendre produirait un reliquat de bénéfice net
sur l'opération ; mais il serait nécessairement un tempéra-

ment. Et si l'on réfléchit que les terrains à vendre se trouveraient sur la masse des terre-pleins et glacis qui joignent les habitations, leur prix serait probablement celui des terres de première qualité.

« Si l'hectare de terre à vendre sur la ceinture des villes était au même prix que celui à acheter à huit ou dix lieues de Paris, les deux mille hectares dont on aurait besoin à Paris et aux environs ne seraient qu'un échange, et il y aurait à disposer des produits ;

1° De deux mille hectares que l'on peut évaluer terme moyen à trois mille francs l'un, ce qui produirait            6,000,000

2° En prenant les 80 places à vendre au terme moyen de huit fronts chacune, les maçonneries de leurs fortifications peuvent être évaluées à quatre cent quarante mille mètres cubes, dont la démolition produirait moitié en moellons bons à l'emploi, c'est-à-dire deux cent vingt mille mètres cubes par place, à 4 fr. 50 cent. le mètre cube, prix brut, démolition comprise, et pour les 80 places la somme de     80,000,000 (1)

3° On trouverait bien, terme moyen, pour six cent mille francs d'établissement ou de matériel à vendre dans chaque place en y faisant même les réserves nécessaires ou convenables aux besoins éventuels de manutentions, casernes ou magasins, ce qui produirait dans les 80 places        48,000,000.

(1) Pas exactement, mais n'importe.

« La vente des 80 places pourrait
donc produire environ cent trente-quatre
millions                                          134,000,000
« Les trois grandes places en dehors
de Paris coûteraient chacune ,
    En fortifications                         30,000,000
    En établissements                          8,000,000
                            Total 38,000,000

Et pour les trois places                          114,000,000
Les trois citadelles à
Paris, où tout est plus
cher, coûteraient cha-
cune,

    En fortifications    6 millions
    En établissements    2
           Total    8 millions,
Et pour les trois                                 24,000,000(1)
Total de la dépense à faire                        138,000,000(2)
c'est-à-dire que l'opération se balancerait à quatre millions
près.

« Nous ne parlons pas ici des casernes défensives ou blockhaus, non plus que de quelques redressements ou modifi-
cations à faire sur certains points du mur actuel d'enceinte
de Paris ; cela se ferait avec le temps et peu à peu. Quand
on y emploierait encore quelques millions, ce ne serait rien

(1) Nous en mettrons 50.

(2) Plus 26 = 164.

sans doute pour parvenir à un changement d'état de défense qui assurerait notre existence contre les chances les plus critiques.

« Il resterait à analyser la difficulté de la réalisation des produits ; car la vente de 80 places serait sans doute une opération longue et difficile et de plusieurs années, et qui peut aussi produire des mécomptes dans l'évaluation. Ce serait à l'administration à aller avec prudence en ne mettant en vente que par parcelles les bastions par exemple, et à des intervalles éloignés.

« Si malgré les doctrines qui résultent des considérations que nous venons de développer sur l'état défensif du royaume, les conseillers de la couronne persistent à conserver et à compléter la restauration de nos vieilles places frontières, nous devons déclarer ici que la démolition de bon nombre d'entre elles n'est pas, dans notre pensée, la condition absolue de l'exécution des nouvelles places (1). Nous l'indiquons comme tempérament à la dépense, puisque la solution du problème tient à en débarrasser l'armée, pour le plus grand bien de l'État, et parce qu'il nous faut créer la puissance de notre intégrité territoriale et sociale aux portes de la capitale. »

Tels sont les principes et les vues de l'auteur en ce qui concerne les moyens à adopter pour la défense du territoire en général, et de la capitale en particulier.

On voit que ces moyens, que M. Delaage annonce avoir présentés à la Chambre des députés, en 1826, sont puisés

---

(1) La vente de nos places de guerre reconnues inutiles serait infiniment préférable à celle d'une partie de nos forêts.

dans la nature même des choses , et dans les règles qui dé-
coulent de la puissance actuelle des armées.

Nous n'avons point eu l'intention, ainsi que nous l'avons
énoncé au commencement de cet article, de suivre l'auteur
dans les raisonnements philosophiques de son système. Mais
nous devons dire que sa *philosophie de la fortification*, qui
est aussi la *philosophie de l'art défensif*, est un travail du plus
haut intérêt. Ce travail témoigne de la profondeur de vue
et de la perspicacité avec laquelle l'auteur a médité sur
l'art défensif et sur les agents physiques et moraux qui le
constituent. Son livre, enfin, est fait pour fixer l'attention
des hommes de l'art , de tous les militaires qui s'occupent
sérieusement de leur métier, et en particulier des officiers
du génie et de l'artillerie.


Décembre 1840.


L'auteur de l'ouvrage intitulé : *Du projet de fortifier Paris, ou
Examen d'un système général de défense.*

*Réponse à l'auteur de l'ouvrage intitulé : du projet de fortifier Paris*, ou examen d'un système général de défense, par le général Rogniat. in-8.    2 75

*Réponse aux observations de M. le lieutenant-général du génie vicomte Rogniat*, sur l'ouvrage intitulé : *du projet de fortifier Paris*, ou examen d'un système général de défense, par l'auteur de cet ouvrage, ancien officier supérieur d'artillerie.    2 75

*A l'auteur de la réponse aux observations du général Rogniat*, sur les fortifications de Paris, par le général Rogniat.    4 fr. 25

*Examen de l'ouvrage ayant pour titre de la défense du territoire.* Fortifications de Paris, par l'auteur de l'ouvrage intitulé du projet de fortifier Paris, ou examen d'un système général de défense, in-8.    1 fr. 25 c.

*Essai sur la guerre de partisans*, par le général Davidoff, traduit du russe, par le comte Héraclius de Polignac, colonel du 25e léger, revu et précédé d'une notice biographique sur l'auteur, par le général de Brack, commandant l'école de cavalerie à Saumur. 1 vol. in-8.    6 fr.

*Cours sur le service des officiers dans les fonderies*, approuvé par le ministre de la guerre. 1 vol. in-8. avec atlas.    15 fr.

*Etude sur les fusils percutants d'infanterie*, sur les amorces fulminantes, les approvisionnements de munitions et les distributions aux soldats en campagne, par M. A. de Massas, capitaine d'artillerie, attaché au dépôt central, in-8. 2 75

*Etudes sur la marine militaire*, par M. de Lespinasse Fonmartin, officier de marine. 1 vol. in-8.    7 fr. 50

*Tactique de l'artillerie à cheval*, dans ses rapports avec les masses de cavalerie d'après le général Monhaupt de l'artillerie prussienne, traduit de l'allemand par le général Baron Ravichio de Peretsdorf, in-8. avec 8 planches. 3 fr.    75

*Traité de balistique appliqué à l'artillerie navale*, par M. Roche, professeur de l'artillerie, ancien élève de l'école polytechnique.

*Considérations militaires sur les mémoires du maréchal Suchet et sur la bataille de Toulouse*, deuxième édition, augmentée de la correspondance entre un ingénieur militaire français et le duc de Wellington sur cette bataille, par T. Choumara, ingénieur militaire, ancien élève de l'école polytechnique. 2 vol. in-8. avec plan.    9 fr.

*Traité sur l'artillerie*, par Scharnhorst; traduit de l'allemand par A. Fourcy, ancien officier supérieur d'artillerie, bibliothécaire à l'Ecole polytechnique. Revu, accompagné d'observations et d'une notice historique sur l'auteur, par M. le capitaine d'artillerie Mazé, professeur à l'école d'application d'état-major. 4 vol. petit in-4°, qui paraîtront en 9 livraisons; les trois premières liv. sont en vente; prix de chaque liv.    5 fr. 75

*Organisation défensive de la France*, par le général du Bourg. Première partie, in-8.    2 fr. 75.